1

Dinorah Alejandra Arizpe Valdés

I MEDICI
Signori di Firenze
XV secolo

Prima edizione dicembre 2017

I MEDICI

Signori di Firenze

XV SECOLO

Illustrazioni di
Dinorah Alejandra Arizpe Valdés

Addentratevi nell'atmosfera fiorentina del 1400 per scoprire i principali membri dei Medici, la famiglia che con il suo potere segnò per sempre il destino di Firenze come culla del Rinascimento.

Troverete in questo libro delle illustrazioni disegnate a mano, tratte ed ispirate dalle opere di famosi pittori dell'epoca come Sandro Botticelli, Andrea Mantegna e Domenico del Ghirlandaio che immortalarono alcuni esponenti dei Medici nei ritratti e nelle opere di carattere religioso. Non per tutti i personaggi di questa dinastia esiste un ritratto o rappresentazione certa, quindi per disegnarli mi sono basata su altre risorse come monete, busti, litografie e altre immagini del Rinascimento.

Le illustrazioni sono arricchite da paesaggi, damascati e decorazioni dell'epoca. Oltre ai disegni dei personaggi troverete una pergamena con un frammento del famoso poema di Lorenzo il Magnifico, due nobildonne che furono muse ispiratrici e modelle degli artisti del '400, l'albero genealogico e dei simboli della famiglia.

Non vi resta che immergervi nella famosa Dinastia Medicea e lasciarvi trascinare dal Rinascimento fiorentino colorando!

QUESTO LIBRO APPARTIENE A
Madonna / Messere

Tutto ebbe inizio nelle colline del Mugello, vicino a Firenze, dove il figlio di una famiglia di mercanti di lana riuscì a fare fortuna fondando il Banco dei Medici e sposando una nobildonna di un'antica famiglia fiorentina. Insieme e con determinazione diedero origine alla famiglia più ricca e potente del Rinascimento.

Giovanni di Bicci de' Medici
1360-1429

Piccarda Bueri
? -1433

PICCARDA BVERA

L TREBBIO

HIOANES BICCI DE MEDICIS

VII

Il figlio più noto di Giovanni di Bicci e di Piccarda Bueri fu Cosimo de' Medici che destinò gran parte del patrimonio della famiglia in opere d'arte, edifici pubblici e religiosi che resero gloriosa Firenze. Con le sue abilità diplomatiche e finanziarie, la città divenne la potenza economica più importante del Rinascimento.

Cosimo di Giovanni de' Medici
detto Cosimo il Vecchio
1389-1464

COSMVS·MEDICES

IX

Contessina de' Bardi
Moglie di Cosimo de' Medici
1390 ca.-1473

Lorenzo di Giovanni de' Medici
detto Lorenzo il Vecchio
Fratello minore di Cosimo de' Medici
1395 ca.-1440

XIII

Gineura di Giouanni di Amerigo dei Cavalcanti

Moglie di Lorenzo di Giovanni de' Medici

XV

Carlo di Cosimo de' Medici

Figlio naturale di Cosimo de' Medici
e di una schiava di nome Maddalena

1428ca.-1492

XVII

Giovanni di Cosimo de'Medici

Figlio minore di Cosimo de' Medici
e Contessina de'Bardi
1421-1463

XIX

Ginevra degli Alessandri
Moglie di Giovanni di Cosimo de' Medici

XXI

Piero di Cosimo de' Medici detto il Gottoso

Figlio primogenito di Cosimo de' Medici
e di Contessina de' Bardi
1416-1469

XXIII

Lucrezia Tornabuoni
Moglie di Piero di Cosimo de' Medici
1427-1482

XXV

Pierfrancesco di Lorenzo de' Medici
detto Pierfrancesco il Vecchio
1430-1476

Laudomia Acciaiuoli
Moglie di Pierfrancesco de' Medici

Lorenzo il Magnifico è il più famoso esponente della dinastia dei Medici. Questo carismatico personaggio visse nell'epoca di massimo splendore del Rinascimento fiorentino. Aveva grande passione per l'arte e per la conoscenza. Fu sempre circondato da intellettuali e grandi artisti come Leonardo da Vinci e Michelangelo. Grazie alle sue abilità politiche e diplomatiche diede a Firenze e all'Italia un periodo di equilibrio e di pace.

Lorenzo di Piero de' Medici detto Lorenzo il Magnifico

Figlio di Piero di Cosimo de' Medici e di Lucreazia Tornabuoni

1449-1492

MAGNVS · LAVRENTIVS

XXIX

Clarice Orsini
Moglie di Lorenzo de' Medici
detto Lorenzo il Magnifico
1453-1488

Giuliano de' Medici

Figlio di Piero di Cosimo de' Medici
e di Lucrezia Tornabuoni
1453-1478

Fioretta Gorini
Madre del figlio di Giuliano de' Medici,
Giulio de'Medici che divenne Papa Clemente VII

XXXV

Maria, Bianca e Lucrezia detta Nannina

Sorelle di Lorenzo e Giuliano de' Medici
Figlie di Piero de' Medici e Lucrezia Tornabuoni

XXXVII

Lorenzo di Pierfrancesco de' Medici detto Lorenzo il Popolano

Figlio di Pierfrancesco de' Medici
e di Laudomia Acciaiuoli

1463-1503

Giovanni di Pierfrancesco de' Medici detto Giovanni il Popolano

Figlio di Pierfrancesco de' Medici
e di Laudomia Acciaiuoli
1467-1498

XLI

XLIII

Lorenzo il Magnifico è anche ricordato per la sua opera letteraria. Scrisse canti per feste popolari, opere di devozione religiosa , rime e poesie. Una delle sue composizioni più famose è il Trionfo di Bacco e Arianna, o Canzona di Bacco.

Frammento del Trionfo di Bacco e Arianna
Composizione di Lorenzo il Magnifico

uant'è bella
giovinezza,
che si fugge
tuttavia! chi vuol
esser lieto sia:
di doman non
c'e' certezza.

Lorenzo d' medici

All'epoca dei Medici a Firenze visse una fanciulla originaria di Genova che per la sua straordinaria bellezza diventò musa di artisti come Botticelli che la immortalò in molti dei suoi ritratti e dipinti come la celebre Nascita di Venere. Secondo la tradizione e alcune cronache fiorentine, si racconta che Simonetta Vespucci e il giovane Giuliano de'Medici vissero un amore segreto.

𝕾imonetta 𝖁espucci
Musa e modella del Rinascimento
1453-1476

XLVII

Lucrezia Donati
Gentildonna fiorentina
Amore platonico di Lorenzo il Magnifico
1447ca.-1501

Dai figli di Giovanni di Bicci de' Medici e di Piccarda Bueri nacquero i due rami principali della famiglia. Da Cosimo il Vecchio discesero gli esponenti del ramo Cafaggiolo che restò al potere durante tutto il XV secolo. Da Lorenzo il Vecchio discese il ramo Popolano dal quale sorse nel XVI secolo il Granducato di Toscana.

Albero Genealogico dei Medici
Ramo Cafaggiolo

Discendenti di Cosimo di Giovanni de' Medici
detto Cosimo il Vecchio

LORENZO DE' MEDICI

CLARICE ORSINI

FIORETTA GORINI

MARIA, BIANCA E LUCREZIA DE MEDICI

GIULIANO DE' MEDICI

PIERO DE' MEDICI

LUCREZIA TORNABUONI

CARLO DE' MEDICI

GIOVANNI DE' MEDICI

GINEVRA DEGLI ALESSANDRI

COSIMO DE' MEDICI

CONTESSINA DE' BARDI

Albero Genealogico dei Medici
Ramo Popolano

Discendenti di Lorenzo di Giovanni de' Medici
detto Lorenzo il Vecchio

LIII

FIORENZA MMXVII

LV

LVI

Printed by Amazon Italia Logistica S.r.l.
Torrazza Piemonte (TO), Italy

13788776R00034